Carolina Zamudio

La oscuridad de lo que brilla
The Darkness of What Shines

English translation by
Miguel Falquez-Certain

artepoética
press
Nueva york, 2015

Title: LA OSCURIDAD DE LO QUE BRILLA / THE DARKNESS OF WHAT SHINES

ISBN-10: 1940075351
ISBN-13: 978-1-940075-35-8

Design: © Ana Paola González
Cover & Image: © Jhon Aguasaco
Author's photo by: © Enrique García
Editor in chief: Carlos Aguasaco
E-mail: carlos@artepoetica.com
Mail: 38-38 215 Place, Bayside, NY 11361, USA.

© LA OSCURIDAD DE LO QUE BRILLA / THE DARKNESS OF WHAT SHINES, Carolina Zamudio
© English translation, Miguel Falquez-Certain
© LA OSCURIDAD DE LO QUE BRILLA / THE DARKNESS OF WHAT SHINES, 2015 for this edition
Artepoética Press

"La poesía es un oficio ardiente
en el cual uno trabaja mientras espera
que se produzca el milagro del maridaje feliz
de la vivencia, la imaginación y la palabra".
Juan Gelman

A Gustavo, por el oficio persistente de quererme.

"Poetry is a fiery craft
in which one works while waiting
for the miracle of the happy union between
experience, imagination, and the word to take place."
—Juan Gelman

To Gustavo, for his persevering occupation of loving me.

ÍNDICE

PRÓLOGO

En el título de su primer libro, *Seguir al viento*, Carolina Zamudio advierte un destino y a él se ofrenda. Como si algo dijera, no ha de ser la voluntad lo que define tu rumbo, sino el viento, y entonces ella se dispusiera, mansa, a seguirlo. Es la condición del viajero: un poco exiliada, un poco arrancada de su raíz, un poco abierta a lo desconocido, pero siempre dispuesta a recibir las dádivas que el cambio de paisaje trae: aromas y elixires, a veces exóticos, a veces venenos de otros mundos..., signo de lo entrañablemente humano, el dolor y el amor, el espeso brebaje que es la vida. Luego, eso de seguir al viento entraña un magisterio, el de la adaptabilidad. Es por eso que, de un modo sencillo, la niña que sale de la adolescencia en Curuzú Cuatiá deja su árbol atrás para hacerse mujer en Buenos Aires, madre en Abu Dhabi, pintura viva en Ginebra y máscara de carnaval en Barranquilla. Ese primer libro fue entonces el registro de la parábola que traza la primera mitad de la vida, la búsqueda de un lenguaje y el ensayo de las identidades que hacen de la niña una mujer. Cabe destacar allí un modo de asumir los afectos como lo que estos en el fondo más íntimo definen, la raíz del alma.

En su segundo libro, *La oscuridad de lo que brilla*, aunque se publica dos años después, la poesía ha llegado a un grado de madurez tan contundente que podría imaginarse como el silbo de una sirena, encantación y lamento, música de las profundidades. Tal vez se debe a que la autora se la jugó toda por ella y, como corresponde a los poetas verdaderos, entregó los remos en el naufragio. En consecuencia, con un valor admirable, porque no es nada fácil, se lanzó al pozo: una mujer acostumbrada a la belleza de las formas decide entrar en la sombra, como quien pasa de Apolo a Dionisos, dispuesta a pagar el precio que ello entraña. El resultado obviamente es un lenguaje que se reinventa en el cieno de las aguas y recoge la materia espesa que son la mezcla de la luz de los días y el fondo del alma. Uno siente al principio que se trata de una música rara, desacostumbrada; pareciera incluso que los ritmos verbales se tropiezan; pero no, al adentrarse en esa música —muy original por cierto— se advierte una percepción sensible del dolor de ser, una mezcla de sonido y sentido, que recuerdan a ciertos poemas de César Vallejo o pasajes paradójicos de Olga Orozco.

Por lo dicho, se entiende que este libro es un descenso por las grietas del aljibe interior, con la única luz que da la pequeña llama, resultante de la suma de la intuición más la conciencia. Es como si la máscara del carnaval desnudara de pronto lo que hay detrás de la máscara de la persona: unos trozos de vidrio de la copa que es el cuerpo de la hembra; un hoyo agrietado, seco… y, como si allí abajo todo fuera inverso a lo que hay arriba, lo que aquí era luz, allá es sombra; lo que aquí era verdadero, el sol, el colorido de la tarde, los pájaros, el cielo azul…, allá es mentira; hasta el árbol que servía de sombra y sosiego se descubre puñal oscuro que marchita los pétalos en el rostro.

¿Y qué puede seguir a un inventario tan desolador?

Parirse de nuevo. Realizar la fusión de ambos, luz y sombra, para que nazca el ser de la plenitud. La plenitud está definida por la tétrada, algo que ya Carolina Zamudio había advertido en su primer libro: allí había cuatro partes, cuatro ciudades habitadas desde la primera partida: Buenos Aires, Abu Dhabi, Ginebra y Barranquilla. Una plenitud, la de afuera, la ciudad como la casa en que habita la casa que somos. Aquí el viaje es homólogo, digamos que es la otra parte del anterior: partiendo de la vida, como el mundo exterior, entra en la noche, a la que llama territorio de trasmundo, tránsito hacia la morada del espíritu, donde la pregunta impreca al amor, al que llama pulso del delirio, y a la muerte, de la que dice que es el fondo de lo concéntrico.

Quiere todo esto decir que el libro es un mandala en cuyo centro está la muerte. Recorrido de afuera hacia adentro, recuerda las antiguas danzas rituales de ciertas comunidades, esta vez hecho con la estructura de los poemas que son palabras y que se conjugan en un acto de magia de las deidades opuestas, Apolo y Dionisos, dioses olvidados de los que poco queda en este mundo, cuyas suertes el mismo hombre que las perdió las sigue anhelando.

Cabe entonces subrayar unas pocas obsesiones, el silencio, la mariposa, el árbol, el vidrio roto de la copa, el viento, y la casa… La casa es el cuerpo, la ciudad es la casa, la casa es el mundo. Ante la desolación interior de los corredores bueno es hallar una nueva forma del sentido, esta forma es la plenitud.

Bienvenida Carolina Zamudio a la complejidad que lo abarca todo.

Luis Fernando Macías
Profesor de la Universidad de Antioquia
Medellín, agosto de 2015

FOREWORD

In the title of her first book, *Seguir al viento* [Follow the Wind], Carolina Zamudio perceives her fate, and she offers herself to it. It is as if someone were saying, It won't be the will what shall define your course, but the wind, and then she'd get ready, quietly, to follow it. It is the traveler's state: a bit of an exile, a bit uprooted, somewhat open to the unknown, but always willing to receive the gifts brought by the change of scenery: scents and elixirs, sometimes exotic ones, sometimes poisons from other worlds... a sign of what is soulfully human, pain and love, the thick concoction that is life. Then, that business about following the wind entails an expertise, that of adaptability. That is why, in a simple way, the girl who lived her teen years in Curuzú Cuatiá leaves her tree behind in order to become a woman in Buenos Aires, a mother in Abu Dhabi, a living painting in Geneva, and a carnival mask in Barranquilla. That first book was, then, the record of the curve that draws the first half of her life, the search for a language, and the rehearsal of identities that transform the girl into a woman. It's worth mentioning that there is in that a method of taking on the affections as to what they deep down define: The root of the soul.

In her second book, *The Darkness of What Shines*, although it is being published two years later, poetry has reached such a strong degree of maturity that it could be imagined as the call of a siren, incantation and lament, music from the depths. This may be due to the fact that the author staked her all and, as befits true poets, handed in her oars in the wreck. Therefore, with remarkable courage, since it's not easy at all, she jumped into the well: A woman, used to the beauty of forms, decides to go into the dark, as if going from Apollo to Dionysus, willing to pay the price that this entails. Obviously, the outcome is a language that reinvents itself in the water's sludge and picks up the thick residues, which are the mixture of the light of day and of the bottom of the soul. At the beginning, we feel that we're dealing with a strange, unusual music; it would even seem that the verbal rhythms bump into one another; but we're mistaken. When we go deeper into this very original music, by the way, we may notice a sensitive perception of the pain of being, a mixture of sound and feeling, which are reminiscent of some poems by César Vallejo or of paradoxical passages in Olga Orozco's texts.

In light of the above, we understand that this book is a journey down the cracks of the inner well, with the only light emanating from the tiny flame, resulting from the combination of intuition and awareness. It is as if the carnival mask suddenly reveals what lies behind the individual's disguise: A few broken pieces from the glass, which is the woman's body; a cracked, dry pit... and, as if down there everything were the opposite to what is above, what here was light, down there is shadow; what here was real – the sun, the colors of the afternoon, the birds, the blue sky... down there is a lie; even the old oak that gave good shade and tranquility shows itself to be the dark dagger that withers the petals on the face.

And what can come next after an inventory so bleak?

Giving birth to oneself again. To carry out the fusion of both light and shadow, so the being of plenitude may be born. Plenitude is defined by the tetrad, something that Carolina Zamudio had already warned us about in her first book: There were four parts in it, four cities in which she has lived since leaving her hometown: Buenos Aires, Abu Dhabi, Geneva, and Barranquilla. The city, an exterior plenitude, as the house in which dwells the house that we are. Here, we're dealing with a kindred journey; let's say that it's the other side of the previous one: Starting from life, as the outside world, she enters the night, which she calls the territory of the imaginary world, a crossing over into the spiritual abode, where the question curses love, which it calls the pulse of madness, and death, which it defines as the bottom of the concentric.

Does all this mean that the book is a mandala at the center of which death is found? A journey from without to within, it recalls the ancient ritual dances of some communities, made possible on this occasion through the structure of the poems, which are words, and they mix together in a magic act by rivaling deities, Apollo and Dionysus, forgotten gods of whom little remains in this world, whose fates the same man who lost them still longs for.

It's worth pointing out some of her obsessions: silence, butterflies, trees, broken pieces of glass, the wind, and the house... The house is the body, the city is the house, the house is the world. In the presence of the inner devastation of the corridors, it is good to find a new form of consciousness: this form is plenitude.

Welcome, Carolina Zamudio, to the all-encompassing intricacy.

Luis Fernando Macías
Professor at Universidad de Antioquia
Medellín, August 2015

LA VIDA

Ensoñación del más acá

LIFE

Reverie of the Here and Now

CENTRO Y FIN

I

El último abrazo
antes de la primera muerte
el franco coqueteo con la locura
la vez que el amor
fue un pozo
absoluto
como el cosmos
el aliento originario de un más allá difuso
de la única verdad
que es el nacimiento.

II

La vida no está allá
ni entonces.
La vida es esta
este aliento, esta piel
esta sensación de pozo seco
de colmena abandonada
de centro y de fin.

III

El vacío tiene el peso
de lo absoluto
nunca menos.
Centro.
El vacío es
la medida del mundo.

The Center and the End

I

The last embrace
Before the first true death
Candid flirtation with madness
While making love
And it was an absolute
Well like the universe
The primordial breath from a vague hereafter
Of the only truth
Which is birth.

II

Life is not there
Or even then.
This is life—
This breath, this skin
This feeling of being like a dry well
A forsaken beehive
The center and the end.

III

The void has the weight
Of the absolute—
Never less.
The center.
The void is
The measure of the world.

UN TROZO DE VIDRIO

Nada tengo
y todo al mismo tiempo.
Río de ideas
que se alimentan en algún arroyo
denso de infancia.
La copa en la mano
como toda medida del ahora.

Pasado y futuro no importan.

Intervalo fugaz
—ya no es—.
Aquí hay
un trozo de vidrio.

A Piece of Glass

I have nothing
And everything at the same time.
A river of ideas
Feeding on some dense
Brook from my childhood.
The glass in my hand
As the only measure of the here and now.

Past and future don't matter.

Fleeting interlude—
It is no more.
Here, there's
A piece of glass.

Teoría sobre la belleza

Me dijo que le duele la belleza
que la alegría, la razón la abruman
detesta el suave cinismo de los días
la aparente armonía.
Me lo dijo con la voz que sale de los ojos
desaguándose tan completa
que no pude más que creerle.

La belleza no cabe
en un trozo de papel
sí en los ojos. Como ajustar
el enfoque de una lente
por detrás.
No en la punta de la lengua
más allá.
Cabe en el aire
al abarcar el ser.

Puede asirse la belleza
en silencio al reposar el cuerpo
desde atrás, en eso de ser
atesorar lo que haya sido
y bello es.

La belleza habita en la oscuridad
el don que nos fue dado oculto
la cáscara que se quita
lo bello es un fin vacío de principios
nace en el último tramo del próximo deseo.

La belleza abraza la luz de la muerte
o desata la nebulosa de la vida.

THEORY OF BEAUTY

She told me that beauty hurts
That joy and reason overwhelm her
She loathes the gentle cynicism,
The apparent harmony of the days.
She told me that with the voice that emanates from the eyes
Emptying out so completely
That I couldn't but believe her.

Beauty does not fit
On a piece of paper
Although it would in the eyes. How to adjust
The focus of a lens
from behind—
Not on the tip of her tongue
Far beyond.
It fits in the air
Embracing the self.

Beauty may be seized
In silence while resting the body
From behind, at the very moment of being
Treasuring what has been beautiful
And still is.

Beauty lives in darkness
The gift that was given to us concealed
The rind which is being peeled
Beauty is an end lacking beginnings
It's born in the last stretch of the next desire.

Beauty embraces the light of death
Or unleashes the star dust of life.

PLENITUD

Al amparo del árbol de la sabiduría india
en la letanía impasible de la tarde
con los brazos abiertos y las palmas al cielo.

Vuela una mariposa
y su impudicia
modesta síntesis de mundo en los ojos.

Templar belleza
mirando bajo las arrugas
la longitud de la nariz
el bosquejo del aliento
los pliegues de las orejas
hasta dejarla ir.

FULLNESS

Under the cover of the Indian tree of knowledge
Unemotional litany in the afternoon
With open arms and skyward palms

A butterfly is flying and its shamelessness
Modest synthesis of the world in the eyes
To see, to feel, to let it escape.

Calming beauty
(Looking under the wrinkles, the length of the nose
The outline of the breath, the folds of the ears)
And let it go.

ARRAIGO

Quizá sea un roble
con aroma a eucaliptus
cuyas raíces son ramas
que tanto anclan un fondo
como rozan una cúpula.

Exilios ciertos
ni hazañas tengo
la casa es campo de batalla
el cuerpo es la casa.
Alma
espíritu y vacío habitan en ella.
A veces en el silencio humeante
que presagia los sueños
me paro ante mí y pido.

Casi siempre me obedezco.

Alguna vez quizá plante un árbol
ahí donde mueren las palabras.
Por ahora me conformo con ser durazno
y que su piel desgarres, hija de una tierra
que tanto me crece como me carcome
rama de un tronco que se deshilacha lerdo
fruto del fruto de una y otras ramas
que crecen desordenadas, profusas.
Jardinera del desarraigo
quizá
alguna vez yo misma plante ese árbol.

ROOTS

It may be a eucalyptus-
Scented oak tree
Whose roots are branches
Which moor a bottom
As well as brush a dome.

Unavoidable banishments
I have no exploits to talk about
The house is a battlefield
The body is the house. Soul
Spirit and vacuum dwell in it.
Sometimes, in the smoking silence—
Harbinger of dreams—
I stand before me and pray.
I almost always obey myself.

Someday I may plant a tree
There, where words go to die.
For now, I resign myself to being a peach
And that you may tear its skin, daughter of a land
That both makes me thrive and eats me away
A branch from a trunk that slowly ravels
The fruit of a fruit from one and other branches
Growing disorderly, lavishly.
Gardener of the uprooting, I myself
May someday plant that tree.

OSCURA

Hay verde derramándose
destellos de ocre.
Mar y escarmiento
se manchan
y exaltan
por un hachazo de amarillo
que, súbito
arranca también
una lámina del delirio.

Ofrendas de lluvia.

Aire de polvo naranja
arena
en la redención del agua
que hoy será oscura.

DARK

There is green spilling out—
Sparkles of ocher.
Sea and learning from one's mistakes
They tarnish and praise
Each other
Through an axe blow of yellow
Which, suddenly,
Also plucks out
A sheet from madness.

Rain offerings.

Orange-dust air
Sand
To believe in the redemption of water
Which today will be dark.

PACTO

No sé qué sería el mar
en mí si fuera
Quietud
cuadro azul
rosa
erosionado.

Contemplo y me deshago
minúscula.

Él y yo de frente
(no brisa, no lágrima, no aliento)
Si hablara diría que respeta
mi desnudez más pura
al mirarlo a los ojos
y trabar este pacto.

Cómplice y testigo
involuntario el mar
al verme de rodillas
e implorar por la propia paz.

COVENANT

I don't know what would the sea be
If it were in me. Stillness
A blue painting, a washed-out
Pink.

I behold and crumble
Into a tiny particle.

He and I, facing each other
(No breeze, no tears, no breath)
If he could speak, he'd say that he respects
My purest nakedness
When I look him in the eye
And make this covenant.

Accomplice and witness
Unwilling sea
Seeing me on my knees,
Begging for my own peace.

ATARDECER DE CULTO

Las cosas bellas también se lacran.
Cuando terminan pueden doler
como si algo se soltara. Pesar
como lo perdido.

Atardece. Un párpado a punto de cerrarse.
Un dios que no es mío
ofrece sus prodigios.
Artista solitario que golpea
justo a los vacilantes
guiña un ojo escondiendo un sol
y nada hay allí de culto. Todo
solo belleza que atardece.

NIGHTFALL OF WORSHIP

Beautiful things also get sealed.
When they end, they may hurt
As if something had been broken loose. Sorrow
As when something is lost.

Night is falling. An eyelid is about to close.
A god, who is not mine,
Offers his wonders.
A lonely artist, who is just
Hitting the doubtful,
Winks an eye hiding a sun
And there is nothing there about worship. Everything —
Only beauty that grows dark.

ILUSIÓN DE SÁBADO

Agua se derrama hacia los ojos
nada quiere contenerse
cúpula magistral y abierta
enfatiza
todo siempre estuvo allí.

Día vital y sin matices
suspiro profundo desde el estómago
la fuerza de la mano derecha
sobre el lado izquierdo del pecho.

La holgura del propio amor
sostenido y recóndito.

Son mentira
el sol, los pájaros, el cielo y su azul
el verde que estalla una verbena íntima
sábado, en la paz de una selva personal.

Es mentira el día
sin ojos
que lo vean.

A Saturday Day Dream

Water is spilling toward the eyes
Nothing wants to be repressed
A masterful, open dome
Stresses
Everything has always been there.

Essential day, without nuances
A deep sigh from the belly
The force of the right hand
On the left side of the chest.

The looseness of self-esteem—
Steady and hidden.

They are lies
The Sun, the birds, the sky and its blue
The green that blasts a private street fair
Saturday—enjoying the peace in my own jungle.

           The day is a lie if there are no eyes to see it.

MALVA

El árbol que expía mi tarde
por obstinación de savia
es también hoy sombra.

Si acaso supiera de su sortilegio de raíces
del azul, de este instante
árbol impasible que permanece
figura y yo pinto malva.

El óxido, un trofeo de la pasión
el puñal que te trae e incendia al árbol
amputándolo de luz, graba
palabras opacas que te despintan.

El árbol nada sabe: su triunfo
de malva es solo ser
aquí y ahora, estar.

MAUVE

The tree atoning for my afternoon
Due to the obstinacy of its sap
Today is also a shadow.

If it only knew about its spell of roots
About the blue, about this moment,
Insensible tree remaining
A shape, and I paint it mauve.

Rust, a trophy of passion
The dagger that brings you and burns down the tree,
Cutting it off from the light, it records
Obscure words that discolor you.

The tree knows nothing: Its triumph
Of mauve is just being
Here and now, to be.

INVOCACIÓN

Una línea en el horizonte sobre el mar dejó la lluvia
luz que conquista el atardecer y lo reinventa
pupilas que vacían los futuros restos de una noche blanca
danza loca del espíritu, lo real, lo no creado
de imagen a símbolo: palabras.

La inquietud por lo que pudo ser
respira en este instante que amarra
lo que se carga en las yemas de los dedos
y se disuelve (pum) en la sien.

                  Ese sol, escondido en la tormenta
                        única promesa material.

Nada le falta a este cielo para ser
de director ciego un pentagrama
hago del próximo segundo un paraíso
mas lo que queda del día
—como un barco que se aleja
presumiblemente avaro—
lleva casi todo consigo.

INVOCATION

The rain left a line on the horizon over the ocean
A light that conquers nightfall and reinvents it
Pupils draining the future, remains of a white night
Crazy dance of the spirit, what is real, what has not yet been created
From image to symbol: Words.

Anxiety for what could've been
Is breathing in this moment that fastens
What is being carried in the fingertips
And melts down (bang!) in the temple.
                          That sun, hidden in the storm—
                          Unique material promise.

Nothing is missing from this sky in order to act
As a blind conductor—a staff
I'll make out of the next second a paradise
But what remains of the day—
Like a ship sailing away,
An alleged miser—
Carries almost everything with it.

Rezos

Casa alta y ventilada
esta —como la de mis sueños—
por ella circulan aire y salitre
correntadas de agua como lanzas
coro de insectos.
Para todos amplio
tiempo y espacio
ellos disponen
de la casa de los sueños.

Lucha de la tierra por inundar a un cuerpo
la brizna de un pájaro que aletea en el esófago
asombro ante lo ajeno.
Me pierdo y busco
olvidados rezos de infancia.

PRAYERS

This house—high
And airy — like the one in my dreams —
Air and salty ocean spray move across it
Cascades of water like spears
A chorus of insects.
For all, generous
Time and space
They have
The house of dreams.

Struggle of the sand to swamp a body
The wisp of a bird flapping against the gullet
Amazement in the presence of what doesn't belong to us.
I get lost and search for forgotten childhood prayers.

PARIRSE

Parirse ¿se puede?

Dice que sí y argumenta:
volver a nacer como acto inaugural
y básico. Infrecuente egoísmo.
Loba que aúlla a la aureola traslúcida de un lucero
ojos precisos
intensos como lente
lazarillo que obtuvo su acta de emancipación
y con lágrimas de tinta imprime ahora historia.
Pelos al viento, corriente
libertad soldándose a la cara.

Parirse se puede.

GIVING BIRTH TO ONESELF

Can you give birth to yourself? Is that possible?

He says we can and argues:
To be reborn as an opening and
Fundamental act. Uncommon selfishness.
A she-wolf howling at the translucent halo of a bright star
Accurate, intense eyes like a lens
A blind man's guide who received his certificate of freedom
And with tears of ink is now printing history.
Hair in the wind, flowing
Freedom welding itself to the face.

Yes, you can give birth to yourself.

CORTE

Dar una parte mía:
qué sería mejor que dar los ojos
para que alguien descifre
los atardeceres con los que me debato
o la mano izquierda que
compañera
sostiene a la derecha que lleva la garra
una pierna
darla sería regalar esa cojera
con la que a veces voy de tarde
el regazo, para pesar la noche
este pulso ecléctico.

Cut

To give a part of me:
What would be better than giving my eyes
So someone may decode
The sunsets with which I am arguing
Or my left hand which
As my partner
Holds my right one with the claw
A leg
Relinquishing it would be like giving this lameness away
With which I sometimes walk in the afternoon
The lap, to weigh the night
This eclectic pulse.

VALS

¿Puede alguien mirarse
a sí mismo a los ojos
como a un loco abrazándose
a un maniquí sin cabeza?

Puede también desaprender
asir nuevo alfabeto
no importa que haya sido
cierta vez ciego
sordo
decapitado.

Desmembrada
las manos olvidan
a qué brazos se unían.
Rueda una cabeza
gana autonomía.
Piernas. No son puntales
ya de eje alguno.
Ella crea ahora
nuevo cuerpo:
la cabeza va sobre los pies
y gira a trescientos sesenta grados.
Las manos son libres
como para darse palmadas
de vez en cuando en la espalda
o jalar de la cintura
y ponerse a bailar —sola— un vals.

Carolina Zamudio

WALTZ

Can someone look
Himself in the eye
Like a madman hugging
A headless mannequin?

He may also unlearn
To take hold of a new alphabet
No matter if he once
Was blind
Deaf
Beheaded.

This way, torn to pieces,
The hands have forgotten
To what arms they were once joined.
A head rolls,
Gains self-sufficiency.
Legs. They're not props
Anymore to any shaft.
The woman ripper now creates
A new body:
The head goes over the feet
And turns three hundred and sixty degrees.
The hands are free
As if ready to slap oneself with them
On the back from time to time
Or for pulling oneself from the waist
And start dancing (alone) a waltz.

Esbozo para un autorretrato

No nos fue dado un guion.

Intuí al nacer que el paraíso me fue negado
la premura de parto
alumbró un camino en sombras
un trasluz de audacia que me ubica en bordes
por allí, erguidas o doblegadas
van las noches.

Tampoco nos fue dado un final.

Huyo del paraíso
me entrego a la lucha de los hombres
que es la falta de certezas
el exiguo tintineo de palabras
la razón o el amor, según el día
la convención, precaria
de la felicidad.

SKETCH FOR A SELF-PORTRAIT

A script was not given to us.

When I was born I sensed that paradise had been denied me
The urgency of the delivery
Lit up a road in shadows
A diffused light of boldness which places me on the edges
Out there, the evenings
Go either upright or bowed down.

An end was not given to us either.

I'm fleeing from paradise
I devote myself to human struggles
Which is the lack of certainties
The meager tinkling of words
Reason or love, depending on the day
The convention—squatter
Of happiness.

OLVIDO

Pudo haber soñado, no sé, con violetas y caballos
por sus ojos escapan violines
vidrieras explotando animales de circo
un castillo de arena se suelta
con hilo de cometa
cartulina plateada, angosta como calle vieja
veteada de crayones y calcos.

Todo el mundo en su mirada inaugurando la creación.

La soñé colores, sonrisa, todo el mundo
en su mirada resuelta despertándome tan real
a inaugurar la creación, dar una vuelta
por el olvido de su último sueño
y desde lo maravillado, sus ojos
ver lo cierto, lo ancho, inaugurando la creación.

Danza. Profusión —en potencial— del deseo. Agosto
que le tejió a Delfina una diadema.
Arrebato, cascada, ojos oscuros lanzados como flechas.

Amanecer y camino
el del Mago de Oz de las baldosas amarillas.
Pintar ya, yo ahora. Besarte ya, ahora o nunca.
Presente azul, futuro tornasolado
Abundante, con todo el arco de la paleta del pintor.

OVERSIGHT

She could've dreamed, I don't know, with violets and horses
Violins flee through her eyes
Bursting shop windows, circus animals
A sand castle falls apart
With a kite line
A silver cardboard, narrow as an old street,
Streaked with crayons and tracings.

The whole cosmos in her gaze, giving birth to the world.

I dreamed it all: colors, smiles, the whole cosmos
With her unflinching gaze, she wakes me up, it feels so real,
To give birth to the world, taking a stroll
Through the oversight in her last dream
And from the wonderment, her eyes
See the truth, the width, giving birth to the world.

Dance. The (potential) exuberance of desire. August
That knitted a hair band for Delfina.
Rapture, waterfall, dark eyes shot like arrows.

Daybreak and the yellow
Brick road of the Wizard of Oz.
I must paint right now. I must kiss you, now or never.
Blue present, iridescent future
Abundant, with the painter's full palette.

CACTUS

Llena de tanto cosechar soledades
vuelvo al rumor de las voces queridas.
Me dejo amar como en otoño.
Maduro flor, saco la cabeza y miro
                mueca fugaz de la sequía como estado pleno
no hay desierto que se deje conquistar
por el verde fresco
cuando marcado tiene el destino
de ser cactus quedo y exiguo
que incidental como respiro
brota fucsia de entre las espinas.

Todos deambulan desbocándose
los oigo a lo lejos, ronroneo
de un murmullo distante que me aleja.
Busco delirante viejos sonidos
la casa toda endurece
la mudez.
Quizá aquí coseché el hábito
de mendigar silencios.

CACTUS

Full, after reaping solitudes,
I return to the sound of beloved voices.
I let myself be loved as I used to in the fall.
I let the flower bloom, stick my head out and look,
                   Fleeting grimace of the drought as a full season
There is no desert that would let itself be conquered
By the cool foliage
When its fate has been predetermined
To be a quiet, meager cactus—
Fortuitous like a breath—
Sprouting, fuchsia-colored, between the thorns.

Everybody rambles, unbridled
I hear them in the distance, the purring sound
Of a faraway rustle pushing me away.
In a frenzy, I search for old sounds
The whole house stiffens
Muteness.
Perhaps here I acquired the habit
Of begging for silences.

LA NOCHE

Territorio de trasmundo

THE NIGHT

Territory of the Imaginary World

00:00

Si pienso en lo azul, quiero crear ese azul en tus ojos.
Si digo temblor, quiero dinamitarte y que tiembles.
Si digo futuro, quiero nacerte víspera e incendio.
Si digo noche, quiero llenarte de inquietud.
Si digo nada: desintégrate conmigo.

00:00

If I think about the blue, I'd like to recreate that blue in your eyes.
If I say tremor, I'd like to blast you away and make you tremble.
If I say the future, I'd like to beget you, eve and fire.
If I say the night, I'd like to fill you with anxiety
If I say nothing: Fall apart with me.

LA OSCURIDAD DE LO QUE BRILLA

No se trata de que me vuelva araña
y teja una red por la que trepar
hasta ese brillo lejano que envidio sobre el mar
o de esconderme en ratoneras
donde no se sienta este silencio que me rebana.
Ni de pedir clemencia a ese alguien
que no es nadie y además sordo
suicida que vacila
ante la inmensidad de lo que existe.

No se trata de prisiones que, inevitables
develen de una vez la mugre
que se amontona por salir.
No se trata de volverme espejo ni imaginarme
muda ya de imágenes y paladares
de ser pájaro extraviado
que desespera la oscuridad de lo que brilla.
No se trata de eso.
Se trata de lo oscuro, lo veloz, lo próximo
de un gusto a cal, súbito
que ni renguea ni exclama.
Murió antes.

THE DARKNESS OF WHAT SHINES

It's not about turning myself into a spider
And weave a web by which to climb
Up to that distant glow above the sea that I covet
Or hide out in mouse holes
Where this silence, which is slicing me off, is not heard.
Nor to ask for mercy from that someone
Who is no one and who is also deaf
A suicide hesitating
Before the immensity of what is.

It's not about prisons that, inevitably,
Reveal once and for all the filth
Piling up looking for a way out.
It's not about turning myself into a mirror or imagining
Myself mute, without images or palates
Or being a stray bird
Driving to despair the darkness of what shines.
That's not the point.
It's about darkness, velocity, the closest thing
To a sudden taste of lime,
Which doesn't limp or blurts out.
It died before.

FOTOGRAFÍA

Se incrusta como el rayo
que ahora a lo lejos cae
permanece en el espacio seguro
que es la noche
con el hambre de quien busca
ser bendecido por lluvia.

El cielo late una emoción
la búsqueda. Dos ojos enfermos
de irremediable vigilia
sentido que conjuga
lo que deja
inalterable el instante.

A Photograph

It embeds itself like a bolt of lightning
Which now strikes far away
It stays in that safe
Space which is the night
With that hunger of someone who is seeking
To be blessed by the rain.

The sky throbs an emotion—
The quest. Two sick eyes
Of hopeless vigil
A sense that conjugates
What is left
Unchanged by the moment.

OBVIEDAD DE HAMACA

I

No puede reconocerse
al ver su cara en el espejo
¿Quién pudo, acaso, con los reflejos
y otros íntimos conocimientos?
Somos anécdotas
lo que ignoramos
o muestra una ilusión.

II

La obviedad de la hamaca
lo pendular de abarcar
eso efímero en movimiento.
Estrujarnos palabras
y quizá allí ser poesía.

III

Las manos moldean
enredaderas
versos, orgasmos
las mismas, ésas, manos.
Jugar a la vida con sus máscaras
amante inadvertida
el día hace
la tarde duda
la noche crea
espejo en el que balancearse
la vida hamaca.

THE EXPLICITNESS OF A HAMMOCK

I

She cannot recognize herself
When she sees herself in the mirror
And who could, you tell me, with the reflections
And other intimate knowledge?
We're anecdotes
What we know not
Or what an illusion shows.

II

The explicitness of the hammock
The pendular spanning
Of the ephemeral in motion.
Words crushing us
And perhaps there to become poetry.

III

Hands shape
Climbing plants,
Verses, orgasms
Those (same) hands.
To play at life with its masks
Inadvertent mistress
The day turns
The afternoon into doubt
The night creates
A mirror on which to rock
The hammock-life.

SIN RED

En tierra de mariposas
a la caza de sofismas.
Sin red.
La noche tiene un balcón
con vista hacia adentro.
A veces ingreso.

Amo el silencio que duerme
la casa. Y yo
todo agita
yo muchos, ninguno
desde afuera hacia un bullicio único
que todo ancla
vierte.
Noche: tus pasillos me develan
el infinito
y ese yo.
Los otros claudican.

WITHOUT A NET

In the land of the butterflies
Hunting for fallacies.
Without a net.
Night has a balcony
With an inside view.
Sometimes I go in.

I love the silence that puts the house
To sleep. And I
Everything stirs
I, many, none
From the outside toward a single bustle
That anchors, pours
Everything.
Night: Your corridors reveal
The infinite and myself
To me.
The others give up.

DESPOJADA

Cálida noche desde un marco
verde el árbol, la noche negra
el mar que se oye gris.
Despierta porque nada abriga
solo ella, los ojos dentro
la memoria en alguien
que se quiere morir.
Verde la noche, ella negra, dentro gris.

STRIPPED

Warm night from a frame
A green tree, a black night
The ocean that sounds gray.
Wake up because nothing keeps you warm
Just her, the eyes within
Memory in someone
Who wants to die.
The night is green, she's black, gray inside.

LABERINTO

¿Qué hago con la noche?
¿qué conmigo ella?
llenar el vacío
con los hilos del recuerdo.

Personaje inacabado la noche. Ausencia.
No sé a qué huele neutral y aterradora
flor marchita por escasez
¿qué hay en esa caja que me entrega?
¿qué voy a darle?

Una carta en laberinto
alas que se congelan cerca de la luna
no caemos ¿lo ves?
mito de inmovilidad busca la noche, yo un mensaje:
cobijémonos hasta que nos derrita un sol.

MAZE

What should I do with the night?
What should the night do with me?
To fill the void
With the threads of memory.

Unfinished character—the night. Absence.
I don't know what neutral and terrifying smell like
Withered flower due to scarceness
What's inside that box it's delivering to me?
What am I going to give to it?

A letter within a maze
Wings freezing near the moon
We're not falling, you see?
The night is searching for the myth of immovability;
    I, for a message:
Let's cover ourselves until a sun melts us down.

BANDERA BLANCA

En cada nudo una marca
no los desata una caricia.

Nudos remates de puntadas
que no ponen fin a un ciclo.
Nudos que no ceden
a tersura de perlas, ni festejos de seda.
Nudos impotencia sin azotar
látigo en calabozo alguno.

Estanque que drena vértigo.

Del peso de una noche de invierno
y la violencia de sol del trópico.
Sin fórmula, alguien levanta una bandera blanca.

WHITE FLAG

On each knot, a brand
They're not untied by a caress.

Knots, finishing touch of stitches
That doesn't put an end to a cycle.
Knots that don't give way
To the smoothness of pearls or to the festivities of silk.
Knots, impotence without flogging
Lash in some dungeon.

A pond that drains vertigo.

Weighing like a winter's night
And violent like a tropical sun.
Without protocol, someone hoists a white flag.

DESOLACIÓN RÍTMICA

Busco un espejo en la indecisión
de esta quietud de mar y selva
que corte y enjuague lo amargo en mí.

        Cómo hacen los latidos para ganarle al tiempo.

Segundo entre el día y la noche
algo se resiste a morir
aridez de cerveza negra
rumbo a perderse oscura nada
asirme a algo, el día me suelta
huérfana caigo ante el tiempo
tímida ante lo escabroso que aún no es
paradoja de mujer afecta a matices
que en puntillas abandona la luz
busca la noche:

el sol cae y yo sola
velo lechoso estira
su baba cola de novia
rata enorme huyendo a un escondrijo
predestinación de nada
la brisa en el pecho
un hilo de algo que se va
me salvo de caer hacia el futuro aunque no quiera.
Estar es todo
cúspides de árboles remachando el horizonte
cinceles del momento
mucho gris entre lo verde.

Solo eso.
La tarde.

Carolina Zamudio

RHYTHMIC DEVASTATION

I'm looking for a mirror amid the indecision
Of this stillness of jungle and ocean
That may cut and rinse what is bitter in me.

What do the heartbeats do to defeat time?

An instant, between day and night,
Something refuses to die
Dryness of brown ale
On the way to get lost, dark nothingness
To hold on to something, the day releases me
An orphan, I fall before Time
Shy before the squalor that hasn't yet become
A woman's paradox, it has an effect on hues
Abandoning the light on tiptoe
Searching for the night:

Night falls and I'm alone
A milky veil strings out
Its froth like a wedding-dress train
A huge rat is fleeing to a hiding-place
Doom of nothingness
The breeze on the chest
A thread of something going away
I save myself from falling into the future, even if I don't want to.
To be is everything
Treetops seizing the horizon
Chisels of the moment
Lots of gray among the green.

Just that.
The afternoon.

COMPASES DE UN DESLIZ

La noche sabe todo aquello que busco
asciende y se perfora de existencia.

Enigma de pantera agazapada
y luna azul de polvo y agua
estridencia entrecortada en mí:
pinos, reminiscencia a vino dulce
castañas, el sabor de lo perdido.

La noche conoce la debilidad y cuestiona
el peso de lo adquirido, desmembrado.

                              En la memoria los años son horas.

La oscuridad, los pasos de un salto al infinito
la noche se aferra ventisca, bittersweet
caigo del presente hacia allá
desde esta atalaya que mira sin ser vista
saboreo la búsqueda, la escasez
el bulto acolchonado de palabras
que repite un eco bobo
los compases de un desliz.

BEATS OF A SLIP-UP

The night knows whatever I'm looking for
It rises and pierces itself with existence.

A crouching panther's mystery
And a dust-and-water blue moon
Interrupted stridency in me:
Pine trees—remembrance of a sweet wine
Chestnuts—the flavor of things lost.

The night knows frailty and challenges
The weight of what has been acquired, but dismembered.
                              In our memory, years become hours.

Darkness—the steps of a leap into infinity
The night is clinging like a bittersweet blizzard
I'm falling from the present thitherward
From this watchtower that looks on without being seen
I savor the search, the scarcity
The padded bulge of words
Being repeated by a foolish echo—
The beats of a slip-up.

Un poco antes de caer al sueño

De día establezco manzanas en rituales
parábolas descifro en el nuevo día.
La obligación señala con el índice
las horas ofrendadas a promesas de madurez ajena
a propias ofrendas de promesas
verdes de no cumplirse.
Un poco antes de caer al sueño
afloran sombras piadosas que aquietan
y algo bueno encuentran aquí.
Un poco antes de caer al sueño, casi
premonitorios crecen
el ideal de los anhelos personales
la certeza de la madurez ajena
por la que siembro palabras.
Silencio.
Y es un poco antes de que el día
se digne morir
cuando un círculo se cierra.

Just Before Falling Asleep

In the daytime, I set apples for a rite
I decipher parables in the new day.
Obligation points out with its forefinger
The hours sacrificed to promises of someone else's maturity
To our own offerings of green
Sacrifices in case they're not fulfilled.
Just before falling asleep
Pious shadows surface that appease
And find something good in here.
Just before falling asleep, almost
Foreshadowing, the ideal of personal
Longings, the certainty of somebody else's
Maturity for which I sow
Words increase in size. Silence.
And it's just before the day
Condescends to die
That a circle finally closes.

NOCHE BLANQUECINA

La noche y su destino:
desteje sobria los segundos del día
labra un bosquejo fausto de cuatro puntas, allá en el sur
y con sus pezuñas de animal insaciable
desluce lo que late justo aquí.
Lo oscuro esparce la blanquecina transparencia de Venus
que resalta en la línea ficticia del horizonte. Negra
como también el mar.

Temo a sus encantos de oráculo.

Me inclino hurgando en una bolsa
lo esplendoroso de las horas
pero la noche erosiona con sus manos de lava
sal, oxígeno, miel
persiste con su manto de bruma envilecida
y lo mismo desabrocha un vestido
como cose un desamor
se alza aguijoneada hasta la punta más alta
de la cabeza que es el norte
clava una espina
y con su usual afición a traiciones
despliega triunfante su contorno avaro, definitivo.

WHITISH NIGHT

The night and its fate:
It soberly unweaves the seconds of the day
It embroiders a splendid four-point sketch down there in the South
And with its hooves of an insatiable animal
It makes unattractive what is beating right here.
Darkness spreads over the whitish transparency of Venus
Standing out on the fictitious line of the horizon,
Black like the sea.

I'm afraid of its oracular spells.

I lean over, rummaging in a bag
Looking for the splendid hours
But the night erodes with its lava hands
Salt, oxygen, honey
It persists with its cloak of vile mist
And just as it unbuttons a dress
It stitches the loss of love
Spurred, it rises up to the head's
Topmost point, which is the North
It nails a thorn
And with its usual fondness for betrayals
It exultantly displays its greedy, definitive profile.

LOBOS

Treinta pasos entre mis manos y su más allá.

Dormía con lobos. Sombras enormes
entre su manada
jadeante pedía auxilio, lugar impenetrable.
Apartando tinieblas mis pasos movían
lo poco de mí despierto.

Las manos contienen ahora
todo lo que abarca el miedo.
En su espalda lo enjuto
ensueño de mi infancia
futuro en intervalos somnolientos.

Mañana olvidará
que los lobos nunca supieron de ella.
Treinta pasos de existencia
compilados en noches
en esta tierra
de lobos despiertos.

WOLVES

Thirty steps between my hands and his hereafter.

She slept with wolves. Colossal shadows
Among his pack
Breathless, she called for help—inaccessible place.
Brushing aside the darkness, my steps were moving
What little of me was still awake.

The hands now have
Everything that fear embraces.
On his back, gauntness
My childhood fantasy
The future in slumberous interludes.

Tomorrow, she'll forget
That the wolves never knew about her.
Thirty steps of existence
Compiled in nights
On this land
Of wakeful wolves.

EL AMOR

Pulso del delirio

LOVE

PULSE OF MADNESS

VADEANDO EL TIEMPO

Rojo sobre rojo
respiro vivo, aspiro tarde
sobre grises
piensa el ruido espasmos
sangre, lengua
que a gusto amargo
berenjenas cosecha un cielo.

Trago ahora casi negro
sombra a sombra
vista
cada palabra mordida
por mi boca en los ojos
nombra la sed de tarde

última cena.

Una coma el recuerdo, intacta y blanca
paternal sentencia:
vales oro mujer
siempre vadeando el tiempo.

WADING THROUGH TIME

Red on red
I breathe alive, I inhale late
Grays
The noise conceives spasms
Blood, tongue
That tastes bitter
Like eggplants, harvesting the sky.

An almost black drink now
From shadow to shadow
A view, inspirations
Each word bitten
By my teeth in the eyes
It names the afternoon's thirst
The last supper.

A comma, a recollection, fatherly
Maxim, whole and white:
You're worth gold, woman
Always wading through time.

LÍNEA TENUE Y MUDA

Es poderoso el silencio
la pasión descansa
al final de una línea exigua, muerta
en el ruedo de una falda
en el surco que dibuja la nuca bajo el pelo
justo al centro de un pezón
en la palabra oída al pasar
donde un lunar estratégico.
En los dedos al surcar límites
el morbo primitivo
envejecido juego
precario como futuro
y pasado certero de desencuentros.
Entre sus piernas
amordazadas por las mías
en mi aliento que es el suyo:
pacto sin rubricar la pasión.

TENUOUS, SILENT LINE

Silence is powerful
Passion is resting
At the end of a slim, dead line
On the hem of a skirt
In the groove the nape draws under the hair
Right at the center of a nipple
In the word overheard while passing through
A strategic birthmark.
In the fingers, while sailing through boundaries,
The primeval, morbid fascination
Dated game
As frail as the future
And the conclusive past of missed encounters.
Between his legs
Muzzled by mine
In my breath that is also his:
A covenant without endorsing passion.

INMOVILIDAD

Lo que escapa de este cuerpo enfermo
cristales quebrados con lágrimas
paisajes en cámara lenta
sollozos de último sofrito
nombres propios
apellidos prestados.

Una parte, que habla bajo la piel, se derrumba.

El cuerpo es una habitación hostil
desde la que apenas se alcanza
en puntillas
un borrón de la inmovilidad.

IMMOBILITY

What leaks out from this ailing body
Broken crystals with tears
Landscapes in slow motion
Sobs of the last sauté
Given names
Borrowed last names.

A portion, speaking under the skin, collapses.

The body is an unfriendly room
From which we barely reach
On tiptoe
A blot of immobility.

LA MANO

La mano que acaricia descubre
residuos de día turbio.

Pasar por alto lo que es banal
no la marca que queda en la memoria
como la mano que acaricia
y más temprano fue solo parte de un cuerpo.
Nada.
Y ahora es reposo, dedos como aleteo de pájaro
ritmo de mar que próximo, descuidado
arrulla y acaricia
junto a la mano.

THE HAND

The caressing hand discovers
The remains of a murky day.

To disregard trivialities
But not the impression that stays in our memory
Like the caressing hand
And, earlier, when it was just part of a body.
Nothingness.
And now it rests—fingers like the flapping of wings
A rhythm of the forsaken sea nearby,
Lulling and caressing
Next to the hand.

LUZ DE MIS SOMBRAS

I

Quizá vuelva a encontrarte luz de mis sombras
y como viento de paso que has nacido
toques mi hombro
—sea mayo, Buenos Aires—
un nuevo aliento cargado de fronteras vista lo que llamamos hogar
la música sea corriente doméstica que nos proteja del mundo
nuestros silencios: los polos de un imán.
Y pisemos el pasto o nos llenemos de olas
las niñas sean voces que vuelvan abrazos
y sepamos que fuimos solo lo que pudimos
temprano o sábado, algo que de espaldas a nosotros
pareciera volver a empezar.

Quizá no sea mayo, menos Buenos Aires
ni me quede un hombro donde apoyes la mano
pero seas una estela que navega
por un río de luz.

II

Hoy en cambio quiero ser esa brasa que te incendia
como la línea delgada de plata que sobreviene sobre el mar
a espaldas del horizonte la tormenta
pero soy oscura
te apago con lo sombrío que llena
me debato entre lo que potencia y reprime
voy siendo esa víbora que se arrastra
lleva en la piel lo que el camino desecha

una profundidad de aljibe
un río de rápidos
viento que arrebata la calma que te fue dada
calma que se conforma con fundirse
al silencio que vive justo al medio de tus labios.
Aunque puedo ser la nada que eliges que sea
y a veces fehacientemente soy
no soy, no eres.
Nada.

LIGHT OF MY SHADOWS

I

I may find you again, light of my shadows
And like the passing wind you've been since birth
You may touch my shoulder
(Be it in May in Buenos Aires)
A new frontier-laden breath, a landscape of what we call home
May the music be a household flow that protects us from the world
Our silences: The magnetic poles.
And may we step on the grass or be filled with waves
May the girls be voices that become hugs
And may we know we were just what we could
Early or on Saturday, something that behind our backs
May seem to start all over again.

It may not be in May, much less in Buenos Aires
Or I may not have a shoulder where you may rest your hand
But may you be a wake sailing
On a river of light.

II

Today, instead, I'd rather be that ember setting you on fire
Like the thin, silvery line that comes up above the sea
                                        Behind the horizon, the storm
But I'm dark
With the filling doldrums, I snuff you out
I struggle between empowerment and repression
I'm becoming that crawling serpent
That carries under its skin what the road casts aside
Deep as a well
A river with rapids

Carolina Zamudio

A wind snatching the calm that was given to you
That same calm that resigns itself to merge
With the silence dwelling right at the center of your lips.
Even though I can be the nothingness you decide me to be
And, at times, I undeniably am
I'm not, you're not.
Nothingness.

REENCUENTRO

Alguien en soledad se encuentra
se aleja del resguardo que conjuró el miedo
sus dioses íntimos
marcan caminos que como viento se disuelven.

No hay evidencias. Acaso individuales búsquedas.

"No se trata de amor"
el fulgor sagrado de dos cuerpos en vida
es permeabilidad que trasciende al destino
—no siempre concurren: espacio, tiempo—
el silencio busca
al mundo y lo encuentra
¿urge banalizarlo al quererlo conjugar?
dos almas que en el mundo no ha unido nadie
tampoco alguien podrá separar jamás.

REUNION

Someone in solitude finds herself
Moving away from the shelter that conjured up fear
Her intimate gods
Mark out roads that scatter like winds.

There is no evidence—at most, individual quests.

"It's not about love"
The sacred glow of two bodies alive
It's permeability that transcends fate
(They don't always coincide: space, time)
Silence is seeking
The world and finds it
Is it necessary to trivialize it when conjugating?
Two souls that no one has joined together in the world
Neither shall anyone ever tear asunder.

La desnudez

Talla de nuestros límites
manto que envuelve
resbala la esencia.

Biombos, mosquiteros, un cristal traslúcido
siempre la desnudez delante
marmórea como recién desenvuelta
centelleada por restos de sol que delimitan
el rumbo de los rincones vedados.

La desnudez que libera
cuando se mira
al constatar la sospecha.

NAKEDNESS

The size of our boundaries—
Swathing cloak
Losing grip of the essence.

Folding screens, fly nets, a diaphanous glass
Nakedness is always in front of us—
Marble-like as if newly unwrapped
Sparkled on by the dying sun, marking out
The route toward forbidden corners.

Nakedness that sets you free
When you look upon it
Confirming your suspicion.

ENTERA

De boca en boca
del alimento al beso
recodo en la palabra.

Dar de comer
entregar
entera desde esta inmensidad
y finitud
desde mí
en el mundo.

Todo
desde esa boca que espera
el mordisco
desde esa otra boca
que concierta y se funde en esta.

Casi nada, ínfima
desde el cosmos
que —también— mide
se desboca.

WHOLE

From mouth to mouth
From food to kiss
A twist within the word.

Feeding
Delivering
Whole from this vastness
And finitude
From me
In the world.

Everything
From that mouth waiting
To be bitten
By that other mouth
Arranging and settling on it.

Almost nothing, a speck
In the universe
That (also) gauges
And runs away.

UNA MARCA ESTÉRIL

Y a cambio de ese viento
que valientemente honras en mí
yo te siembro
con toda la memoria que traigo
y quizá alguna vez juntos
veamos asomar una vigorosa flor.

Fuimos una marca estéril que sobrevivió al pasado
una ráfaga que vuelve —arrollándolo—
y sobrevive al presente
anécdotas que nos liberan de límites, estos cuerpos
cúmulo inmaterial de resonancias
sonido impenetrable que nos trasciende.
Suma de encuentros cuando nada buscábamos
un rasguño inabarcable entre las sábanas
el misterio de falsas semejanzas
que se opone inquebrantable
a un final.

A Sterile Mark

And in exchange for that wind
That you courageously honor in me
I sow you
With all the memory I'm bringing in
And, perhaps, one day together
We may see a lusty flower bloom.

We were a sterile mark that survived the past
A returning gust (sweeping it away)
Surviving the present
Tales freeing us from restrictions, these bodies
Intangible reverberation of echoes
Impervious sound transcending us.
Accumulation of encounters while seeking nothing
An unfathomable scrape under the bed sheets
The mystery of deceiving similarities
Unwaveringly standing against
An end.

AYUNO

Atravesada ráfaga de amor en el cuerpo
incomoda la inmovilidad
enclavada encima de la tráquea
atrapo el impulso de gritar.

Un hombre en la punta de la lengua
desespero por querer tragarlo
y digerir luz buscando alivio.

Mañana, sobre la bruma del mar
el hombre de esta noche será solo ayuno.

FASTING

Rush of love passing through the body
Uncomfortable immobility
Nestled on top of the windpipe—
I check the urge to cry out.

A man on the tip of the tongue
I despair trying to swallow him
And digest the light looking for relief.

Tomorrow, over the sea mist,
The man of this evening will be just a fast.

CODICIA

Hay reparo, avaricia en los bordes de la lengua
lo que se derrama todo inunda
un hueco de luz amanecido ancla
a una ventana la tarde
la frescura densa del agua
agita a lo lejos

por el ángulo de mis piernas sale el sol

donde antes se escatimaba un cuento
fantástico relato delira jadeante
la magia que cabría a lo lábil del momento
en historias prestadas oscurece demente
no hay ahora, nunca, quien extraiga y cuente
que dos cuerpos usados apenas improvisan.

GREED

There is a certain qualm, greed on the edges of the tongue
What is spilling overflows everything
At dawn, a light shaft anchors
The afternoon to a window
The dense coolness of the water
Flutters in the distance

The sun rises from the angle of my legs

Where a story was once spared
A fantasy tale is breathlessly raving
The magic, which could fit well with the unstable moment
In borrowed stories, darkens insanely
There isn't now or has ever been anyone who may draw and tell
That two used bodies just improvise.

LLORAR

Llorar no es limpiarse
es mojar un vestido
correr el maquillaje
ahuecar los surcos de la cara
como cauce de deshielo
es sangrar del color de la piel
dejar algo esparcido
con anticipación, sobre la tierra.

Limpiar los ojos sí.
Después de llorar
lo que se ve recupera el foco
el paisaje es más claro
la flor naranja, intensa
hasta el tacto más sensible.

Limpiar
es solo cosa del agua
quizá de la lluvia, que no es agua
solo un rito que esclarece.

Las lágrimas son como de aceite
deslizan aquello
que —desde adentro—
viscoso
no puede más que verterse.

CRYING

Crying isn't cleansing ourselves
It's wetting a dress
It's smearing the makeup
It's hollowing the creases on the face
Like a riverbed of thawing
It's bleeding with the color of the skin
It's to leave something scattered,
Beforehand, on the earth.

It's cleansing our eyes, yes.
After crying
What one sees gets back into focus
The landscape is clearer;
The orange blossom, intense
Even to the more sensitive touch.

Cleaning
Is just a thing related to water
Perhaps to the rain, which is not water
It's only a ritual that elucidates.

Tears are like oil
They let slide (from
Within) that viscous
Fluid that is capable of nothing
Else but to spill out.

Y SE DEJÓ SER SILENCIO

La misma noche, nunca acaba
olor a fin de infancia
el amor respira doliente.

La misma noche, el mismo olor
disueltos y añosos besos
compasión de luna de agua. Vieja.

La misma noche, perder lo no perdido.

La misma noche, suspendida en tiempo
el mismo mío olor en él
una almohada me piensa
me duerme
me encuentra ausente
por primera vez inmensa.

La misma noche, el mismo olor
como alguien que leyó el destino
y se dejó ser silencio.

AND HE ALLOWED HIMSELF TO BE SILENT

The same night; it never ends
It's a scent like the end of childhood
Love is breathing in pain.

The same night, the same scent
Diluted, ancient kisses
Water moon's sympathy. Old.

The same night, losing what hasn't been lost.

The same night, suspended in time
The same scent (mine) on him
A pillow thinks about me,
It lulls me
It finds me absent—
For the first time, monumental.

The same night, the same scent
Like someone who read the future
And allowed himself to be silent.

LUZ

Sola.
No madre, no hija, no amante.
Artesana, camina entre las dudas.
Las certezas son del sol.
Con lágrimas, es de porcelana.
Cuidado con tocarla.
Se quiebra.

La costilla de Adán
agnóstica y maltrecha.
El vientre curtido de desgarros
cuchilladas.

La sombra del pasado
un grito de agonía.

Femenina
en lo que un día se duele
desentrama

se incendia
cuando lo sangrado es luz.

LIGHT

Alone.
Not a mother, not a daughter, not a lover.
An artisan, she walks surrounded by doubts.
Certainty belongs to the Sun.
Weeping—she's made of porcelain.
Beware of touching her.
She will shatter.

Adam's rib
Agnostic and battered.
Her belly is riddled with cuts
And tears.

The shadow of the past—
A scream of death.

Feminine
With what one day she feels sorry
She unravels

Burning up when bleeding light.

LA MUERTE

Fondo de lo concéntrico

DEATH

Bottom of the Concentric

PRIMERA MUERTE

Una vez se es joven
indulgente y desprevenida.
Se mueren los abuelos
y se plantan besos breves
en frentes duras como mármol
con labios que aún
no saben besar.

First Death

Once, we're young,
Tolerant, unsuspecting.
Grandparents die
And brief kisses are planted
On foreheads, as hard as marble
With lips that still
Don't know how to kiss.

Siete

Como gotas que la gravedad vuelve charcos
uno a uno moldeamos instantes
y entregando lo diario
azuzamos también el destello
ligero de la trascendencia.

Seremos una mirada
imágenes, uno o varios desencuentros
palabras
un día cualquiera, silencio.

Siete pasos separan
de vez en cuando del abismo
no se cuentan. Se imaginan.
Se relata como cronista
esa muerte premeditada
que no será —por poética—
nada más que eso.

SEVEN

Like drops that gravity turns into puddles
One by one, we shape the moments
Delivering the daily ration
We also spur the light
Glint of transcendence.

We'll be a gaze,
Images, one or several missed encounters
Words
Any day—silence.

Once in a while, seven steps
Separate you from the abyss
You don't count them. You imagine them.
Like a reporter, you write
About that premeditated death
That won't be (poetic as it may be)
Nothing more than that.

Mis muertos

Llevo mis muertos vivos en mí.

Vienen de mañana a extasiarse en mi mano
cuando acarician luminosos
las frentes de mis hijas. Uno mira al espejo
en mis ojos
de un pardo más ocre que verdoso
asomando enigmático por los párpados caídos
de otro muerto que vive en mí
hasta que la muerte nos separe.

My Dead

I carry my dead alive in me.

They come in the morning to find their bliss in my hand—
Luminous, they stroke
My daughters' foreheads. One of them looks at the mirror
In my eyes
(More brownish ocher than greenish)
Peeking in mysteriously through the droopy eyelids
Of another one who passed on and lives in me
Until death do us part.

RITUAL

Tómese un ramo de flores, mejor si recién nacidas, mejor si bellas.
Colóquese en la punta más elevada de un árbol.
Récese una oración a Santa Clara.

No es triste hoy la lluvia
llega antigua y estruendosa
fulgor fucsia de trinitarias
en las que mi abuelo confiaba
para armar un ritual
que ahuyentara aguaceros.

Tanto ha cambiado el mundo desde entonces
que la trinitaria se declara inmune: añeja.
Y aunque mude calendario y flores
como mi abuelo la lluvia inunda alguna vez.

Y ya nadie queda que organice una agüería.

Carolina Zamudio

RITUAL

Take a bunch of flowers, best if recently bloomed, best if they're beautiful.
Place them on a treetop.
Pray to Saint Clare.

The rain isn't sad today
It comes ancient and roaring
A fuchsia glow of bougainvilleas
On which my grandfather relied
For setting up a ritual
To scare away heavy showers.

The world has changed so much since then
So much so that the bougainvillea has declared itself immune: Old.
And as much as I move calendars and flowers
Like my grandfather, the rain sometimes floods.

And there's no one left to put a spell.

TRASCENDENCIA

De noche soy luz que tintinea
entre las sombras.
De día fuerza
manos de madre.
El crepúsculo amalgama
esas que soy
pude
voy siendo.
Quizá
solo la muerte sepa
talle
qué trasciende.

TRANSCENDENCE

At night, I am a light twinkling
In the shadows
In the daytime, a force,
A mother's hands
The twilight blends
The women I am,
I was able to be,
And I'm becoming.
Maybe
Death will only know
The engraving
That transcends.

CANSANCIO

Deberíamos morir todos así, de golpe
y clava su lengua de acero recién afilado
justo en medio de la médula de mi noche.

Sostengo el cansancio entre temblores
y ella sigue —cándida y cruel—
tejiendo su día:
lo que queda de una enferma que aún respira
aunque quiera dejarse ir
que los restos de su madre sepultados años ha
deben ser cremados
que la muerte, la vida, la muerte.

Algo tenue, umbilical, nos mantiene
mientras una voz frenética hila dentro mío
quien me dio la vida debería abstenerse
de mezclar banalidad
con cuestiones tan cruciales:
la noche y el cansancio.

EXHAUSTION

We should all die like this, suddenly
And she plunges her newly-sharpened steel tongue
Right in the middle of the pith of my night.

I hold the exhaustion between tremors
And naive and ruthless, she's still
Weaving her day:
What is left of a patient who's still breathing
Even if she wants to let herself go
That her mother's remains, buried so many years ago,
Must be cremated—
Death and life and death.

Something tenuous, umbilical, sustains us
While a frantic voice spins inside me
She who gave birth to me should refrain
From mixing banality
With such momentous issues:
Night and exhaustion.

Otoño

> Si muero en otoño
> seré redimida por mi falta de fe.

Si muero en otoño
mi cuerpo vuelto polvo
volará al fin libre
—cadencia de hoja—
ocre, amarillo.

Si muero en otoño, joven
viva quizás con tesón
en las mujeres de mi descendencia.
Pues si muero en otoño este canto
será un presagio dulce lanzado de madrugada
al arrullo de los espasmos de mi madre
que duerme la casa de la infancia.

Si no es otoño, acaso, que alguien sepa
que la dulzura de castañas
la íntima penumbra de un atardecer cualquiera
hubiera sido el escenario certero
para deshojar de una vez, ese, el día.

Carolina Zamudio

FALL

> If I die in the fall
> I'll be saved by my lack of faith.

If I die in the fall
Turned to ashes, my body
Will fly free at last
(A leaf's rhythm)—
Yellow ocher.

If I die young in the fall
I may live and endure
Through my female offspring.
Because if I die in the fall this song
Will be a sweet omen released at dawn
While the murmur of my mother's spasms
Lull the childhood home to sleep.

If by any chance it doesn't happen in the fall,
Let someone know that the sweetness of chestnuts
The intimate gloom of any nightfall whatsoever
May have been the right stage
To strip the day (that day), once and for all.

No estoy para dulces

Niña, sácame una cana.
El patio una explosión
de guayabos, cacao y mangos.

                              Hoy no estoy para dulces.

Mecedora que cruje
niña en puntillas
abuela arrullada
la hebra al piso.
Atrás, camino de la ciudad
un barco zarpa.
Pasos impacientes
una historia que vuela
a saltar de boca en boca.
Niña, sácame una cana.
Ve, crece
trabaja, recuerda.

Y —de mayor— cuéntalo.
Quizá haya alguien
a quien el rezo enmudezca
y quiera escribirlo
justo el día de mi muerte.

I'M IN NO MOOD FOR SWEETS

Girl, pull a white hair out of my head.
The yard is an explosion
Of guavas, cocoa, and mangoes.
                        Today, I'm in no mood for sweets.

A rocking chair is creaking
A girl tiptoes
A grandmother is being lulled
There's a thread lying on the floor.
Far away, on my way to town,
A ship leaves port.
Restless steps
A story flies away
Jumping from mouth to mouth.
Girl, pull a white hair out of my head.
Go, grow up,
Work, remember.

And when you're of age, spin a tale!
There may be someone
Whom a prayer may leave speechless
And she may want to write about it
Exactly on the day I die.

Los zapatos en la hamaca

Los zapatos de la muerta en la hamaca. Aparecieron en sueños. Me empujaron al día. Estaban justo debajo de la hamaca en el patio de mi casa. Eran cerrados, color cobre. Era el patio de la casa de mi madre. Mi casa. Era la hamaca de mis hijas. Ella. Esos zapatos eran de la muerta. ¿De quién? Solo supe que había muerto.

La memoria trae en sueños
muertos desconocidos. Profanados.
¿Quiénes son estos a quienes la vigilia trae en sueños?
No son míos. Despierto solo para recordarlos.
Me alerta su urgencia de que los recuerde.
¿Salvarlos del olvido?
¿Necesitan descansar en paz? Como yo.
No me dejan. Mi conciencia en reposo se resiste a morir.
Despierta y vive muertes.
Cierta memoria aún vive en mí.
O vivo para revivirla.
Al alba, junto conmigo.

The Shoes in the Hammock

The dead woman's shoes are in the hammock. They turned up in a dream. They pushed me toward the day. They were right beneath the hammock in the backyard of my house. They were copper-colored, covered shoes. It was the backyard at my mother's house. My house. It was my daughters' hammock. She. Those shoes belonged to the dead woman. Whose? I only knew she had died.

Memory brings in dreams
Unknown, desecrated dead people.
Who are these whom wakefulness brings in dreams?
They aren't mine. I wake up just to remember them.
Their plea not to forget them cautions me.
Should I save them from oblivion?
Do they need to rest in peace? Like me.
They wouldn't let me. My conscience at rest refuses to die.
It wakes up and lives deaths.
Some memory still lives in me.
Or I live to bring it back to life
At dawn, next to me.

ENSAYO

¿Quién puede nombrar al miedo sin sentirse ausente?
                                       todo se puebla de muerte
la noche, el refugio de la vida
respiramos espasmódicos
dejando, en cada hálito
aliento de inmensidad que se esfuma

un lazo negro nos ata humanos
cerradura que espera y se aproxima
tumulto de ecos queridos
cadencia que ensaya: ensaya un final.

REHEARSAL

Who can mention fear without feeling absent?
                              Everything becomes populated with death
The night, life's shelter
We breathe convulsively
Leaving behind, in every waft,
A breath of infinity that fades away

A black string binds us humans
A lock waits and draws closer
An uproar of beloved echoes
A rehearsal of rhythms—rehearsing the end.

TODAVÍA

Nada le pide y ella tiene mil palabras
que se caen de los pliegues del silencio.

La noche amalgama –acompasada–
un lado pulcro, disciplinado
con un lodazal
abundante en símbolos.

La luna —cuándo no— esa ilusión
de luz reflejada e íntimo telón.
Ella piensa (por primera vez)
la vida y la muerte
como juego de reemplazos: sobre una cama.
Y en la punta de la lengua
sostiene un todavía.

NOT YET

He asks nothing of her, and she has a thousand words
Falling out of the folds of silence.

Rhythmic, the night blends
A neat, disciplined side
With a quagmire
Full of symbols.

The moon (as usual)—that mirage
Of reflected light and intimate drop curtain.
She thinks (for the first time)
Life and death
As a game of musical chairs—on a bed.
And on the tip of her tongue
She holds a not yet.

CERTEZA

La muerte no se llora en remolinos de certeza.

Sucede —casi siempre— en medio de arrebatos
de una alegría a otra
se calla y fecunda en el centro del miedo.
La vida es una grieta de luz
que transcurre entre el negro más puro
y la oscuridad infinita.
Vivimos encendiéndonos estertores
no lloramos porque estamos mudos
y —como música de cajas huecas—
queremos escapar del cuerpo buscando alivio.
La muerte anda por ahí burlona
aguijonea eso que nombramos ausencia
es quien manda a otros a que vistan el cuerpo.

Entonces tememos no ser rozados
abrazados ya por nuestros hijos.
Conjeturamos, tarde, otros finales
como dueños de esa vida que compartimos
—tiempo y espacio—.
Huimos, esquivamos
nos plantamos arrogantes desvalidos
ante nuestra propia vida.
Si acaso contuviera ese mohín
que no llora o se llena de argumentos:
ante nosotros, los otros
y el único con una certeza.

Creemos vivir
un espasmo
un cortocircuito
un infarto en la carrera entrecortada por el sueño

como ese del que despertamos
preguntándonos si es cierto
si seguimos vivos
o acaso fuimos nosotros.
Y descubrimos que la muerte puede ser
ese instante luminoso
que sucede tras el negro y largo rato
que alguien nombró vida.

La muerte vive y es la única certeza.

CERTAINTY

Death cannot be lamented through swirls of certainty.

It happens (almost always) in the midst of outbursts
From one joy to the next
It falls silent and breeds in the heart of fear.
Life is a crack of light
Flowing from the purest black
To endless darkness.
We live firing up rattles for ourselves
We don't cry because we're speechless
And (like music from empty boxes)
We'd like to shed our bodies looking for relief.
Death is out there mocking
Goading that thing we call absence
Ordering others to clothe the body.

We then fear not to be touched
Or hugged anymore by our children.
We guess, belatedly, other endings
Like owners of that life we shared
(Time and space).
We run away, we duck
Arrogantly, helplessly, we refuse to move
From our own lives.
If by any chance I could stifle that face
That doesn't cry or musters up arguments:
Before us, the others
And the only one with a certainty.

We think we live
A convulsion
A short circuit
A heart attack in a race interrupted by the dream

Like that one from which we awake
Wondering if it is true
If we're still alive
Or if perhaps we were us.
And we discover that death can be
That luminous moment
That happens after the black, long while
That someone named life.

Death lives and is the only certainty.

Mi agradecimiento a Aldo, Consuelo, Francisco, Irene y Joaquín, por el oportuno acompañamiento.
A Delfina y Rocío, por la luz de cada día.

I am grateful to Aldo, Consuelo, Francisco, Irene, and Joaquín for keeping me company at the right time.
To Delfina and Rocío, for the light in every one of my days.

Este libro fue escrito entre marzo de 2013 y marzo de 2015, en el Caribe colombiano, donde la autora argentina residió durante ese lapso.

Carolina Zamudio from Argentina wrote this volume from March 2013 to March 2015 while living on Colombia's Caribbean Coast.

COMENTARIOS CRÍTICOS

Carolina Zamudio parece haberse cruzado con las palabras de Víctor Hugo: "Abrumamos al abismo con preguntas. Nada más. En cuanto a las respuestas, están ahí, pero mezcladas con la sombra."

Ella, ser diáfano de luz y color, encontró secretos que cree necesario develar. Y descubre la oscuridad que hay en el sol (paráfrasis de Olga Orozco), la oscuridad que ayuda a reconocerse, a conocerse completa, para regresar a la ensoñación del más acá, la vida que, como Jano, tiene dos rostros en uno. En una. En esta mujer que habla y canta y se despierta y a veces se asusta.

La oscuridad de lo que brilla o *El brillo de lo que oscurece*. Es todo uno y lo mismo, y ella lo escribe y lo descubre y lo trae a la vida desde la muerte de sus dudas. "Soy oscura", escribe. Y emite esa luz por la que los náufragos divisan faros. Escribe "La vida es una grieta de luz / que transcurre entre el negro más puro a la oscuridad infinita". Todo dicho. "Lo sombrío que me llama."

Víctor Redondo,
poeta argentino,
director desde 1979 de Ediciones Último Reino

La oscuridad de lo que brilla de la poeta argentina Carolina Zamudio es un poemario fino, penetrante y directo. Teje versos como arañas, duelen las heridas y la muerte llega para desbaratarlo todo. Es un libro de amor y de ausencias. ¿Qué es lo que brilla en la oscuridad? ¿Poesía? ¿Sangre? ¿La muerte? Eso lo sabrán al leer este poemario de textos redondos, desafiantes, dolorosos. La voz poética pide y añora. Recrimina y alaba a seres imaginarios. La noche es un personaje lírico que desaparece de la existencia pero que se hace carne, nervio y duele. *La oscuridad de lo que brilla* es un poemario para leer en noches terribles de soledad, para espantar a los fantasmas y decirles que la muerte es un trayecto lleno de vida. De poesía. De seres que brillan en la noche más oscura.

Augusto Rodríguez
poeta ecuatoriano,
director del Festival Internacional de Poesía de Guayaquil

Después de *Seguir al viento*, su anterior libro, Carolina Zamudio cambia los signos de su viaje. No cambia el rumbo, modifica el paso, complica los caminos, decide andar esta vez por rutas alternativas despreciando la facilidad del sendero que ha sido abierto por ella misma, y por los otros, dejando de lado también los favores de los puentes y los mapas.

Decide buscar *La oscuridad de lo que brilla* porque eso significa darle vuelta a las palabras, mirarlas desde su propia opacidad para que digan nuevos sentidos en el poema.

Este libro, escrito en medio del brillo delirante de un Caribe luminoso, explora sin embargo las sombras que esa luz deja por dentro.

Miguel Iriarte
poeta colombiano,
director del Festival Internacional de Poesía en el Caribe

Carolina Zamudio appears to have come across Victor Hugo's words: "We overwhelm the abyss with questions. Nothing more. As to the answers, they are there, but mixed in with the shadows."

A diaphanous being of light and color, she found secrets that she believes she must disclose. And she discovers the darkness that exists within the sun (paraphrasing Olga Orozco), the darkness that helps her to recognize herself, to know herself completely, in order to come back to the reverie of the here and now, to life, which, like Janus, has two faces in one, in her, in this woman who speaks and sings and wakes up and, sometimes, becomes frightened.

The darkness of what shines or *The shine of what grows dark*. It is all one and the same, and she writes it and discovers it and brings it back to life from the death of her uncertainties. "I am dark," she writes. And she beams that kind of light by means of which castaways are able to sight lighthouses. She writes, "Life is a crack of light / flowing from the purest black / To endless darkness." All said. "Gloominess is calling me."

Víctor Redondo,
Argentine poet
and publisher of Ediciones Último Reino since 1979

The Darkness of What Shines, by Argentine poet Carolina Zamudio, is an elegant, keen, and blunt volume of poetry. She weaves verses like a spider, wounds hurt, and death comes to destroy everything. It's a book about love and absences. What is it that shines in the dark? Poetry? Blood? Death? You will find out soon enough after reading this collection of circular, defiant, sorrowful poems. The poetic voice asks and yearns. It reproaches and praises imaginary beings. Night is a lyrical character that disappears from existence, but that becomes flesh and nerve, and it hurts. *The Darkness of What Shines* is a collection of poems to be read during those terrible nights of loneliness, in order to scare away ghosts and to tell them that death is a path full of life, of poetry, of beings that shine in the darkest night.

Augusto Rodríguez
Ecuadorian poet
and director of The Guayaquil International Poetry Festival

After *Seguir al viento* [Following the Wind], her previous book, Carolina Zamudio changes the signs of her journey. She doesn't change course, but alters the pace, complicates the paths, decides to walk this time through alternate routes, snubbing the ease of the path that she herself and others had paved, and also brushing aside the amenities of bridges and maps.

She decides to look for *The Darkness of What Shines* because this means to turn the words inside out, to look at them from their own ambiguity so they may speak of new meanings within the poem.

This book, written in the midst of the frenzied radiance of the bedazzling Caribbean, explores nonetheless the shadows that light leaves within.

Miguel Iriarte
Colombian poet
and director of The Caribbean International Poetry Festival

Translated from the Spanish by Miguel Falquez-Certain

www.ingramcontent.com/pod-product-compliance
Lightning Source LLC
Chambersburg PA
CBHW021236090426
42740CB00006B/561